Domino und die Angst

ISBN 978-3-89403-349-1
1. Auflage 2010
Copyright © iskopress, Salzhausen
Illustrationen: Monika Wieber, Darmstadt
Satz und Layout: Evelina Braun
Druck und Bindung: Aalexx Buchproduktion, Großburgwedel

Bibliografische Information der Deutschen Bibliothek
Die Deutsche Bibliothek verzeichnet diese Publikation in der
Deutschen Nationalbibliografie; detaillierte bibliografische
Daten sind im Internet über http://dnb.ddb.de abrufbar.

Mehr Informationen über unsere Bücher finden Sie unter
www.iskopress.de
iskopress VerlagsGmbH
Postfach 1263
21376 Salzhausen
Telefon: 04172 7653
Email: iskopress@iskopress.de

Monika Wieber

Domino und die Angst

Ein therapeutisches Bilderbuch

iskopress

Das ist Domino.
Domino ist ein drei Jahre alter Mischlingshund.
Domino sieht lustig aus. Sein Fell ist weiß, aber auf dem Rücken und am Hinterteil hat er große, schwarze Flecken und viele schwarz-graue Punkte auf der Nase und den Vorderbeinen. Von der Schnauze bis zur Stirn zieht sich ein weißer Streifen.
Domino trägt immer ein himmelblaues Halsband. Daran kann ihn jeder gut erkennen.

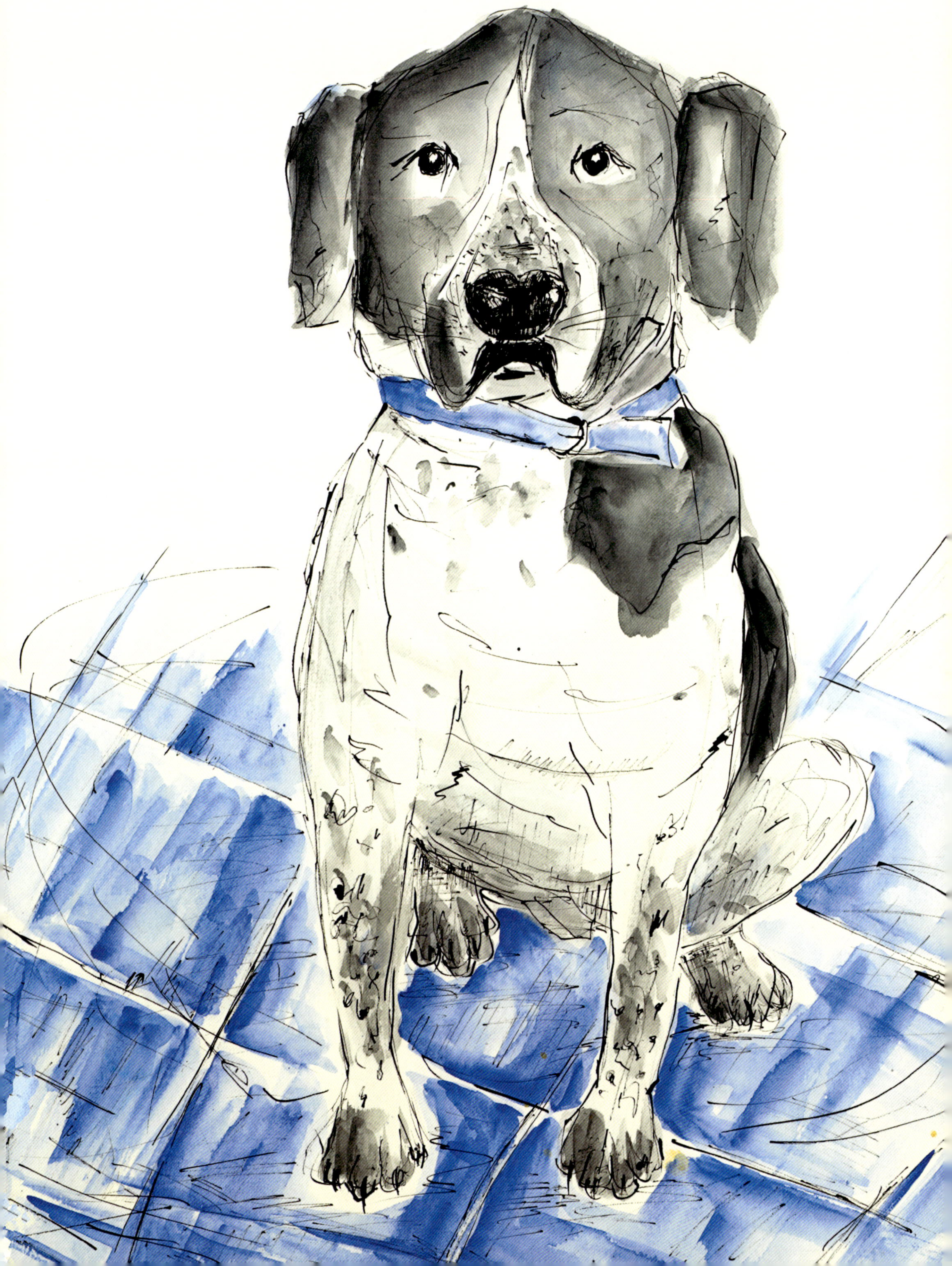

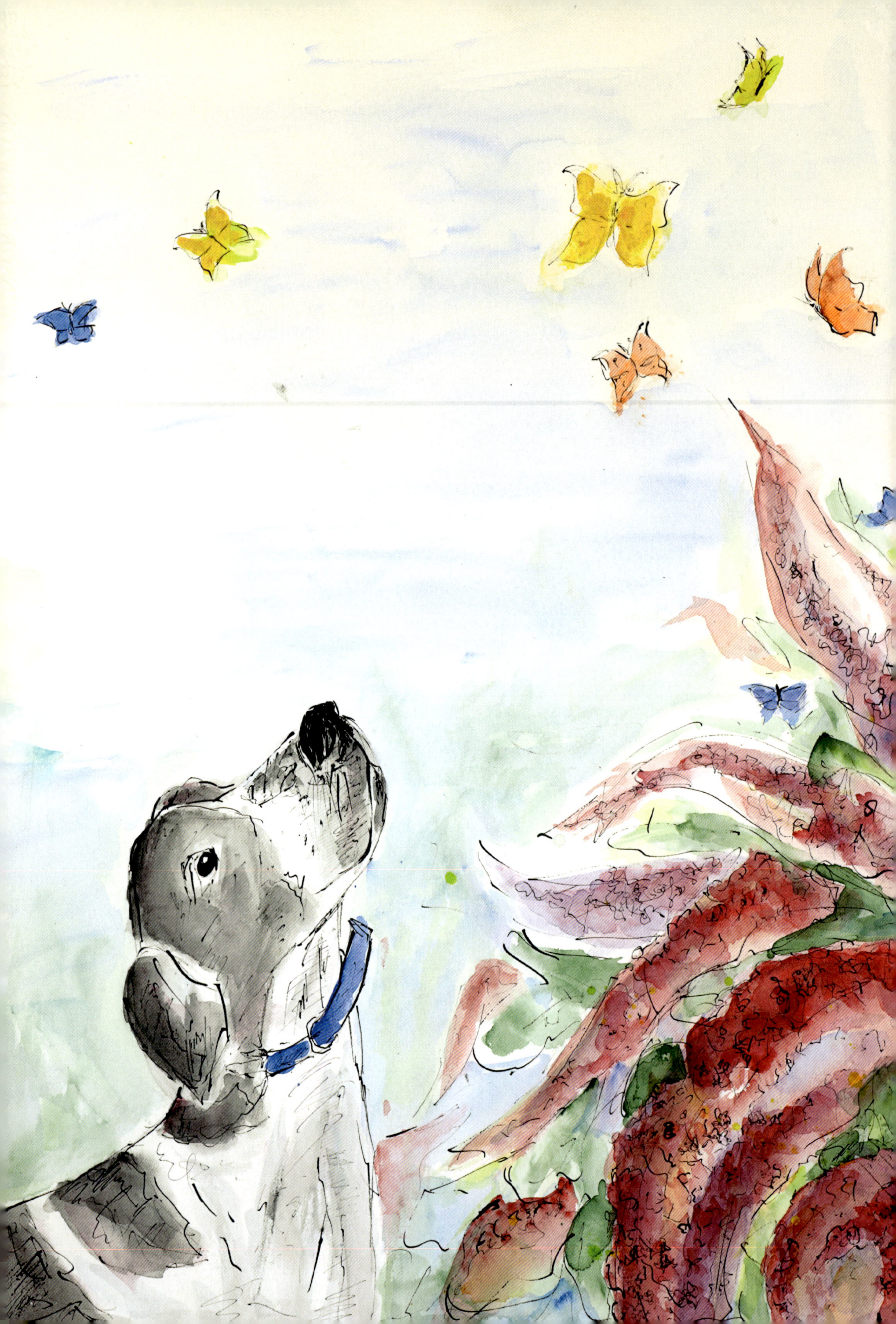

Domino ist sehr neugierig. Alles was ihm fremd ist, beschnuppert er und will es kennenlernen. Am glücklichsten ist er, wenn er auf Entdeckungstour gehen kann.
Bei einem dieser Spaziergänge sieht er am Feldrand einen großen Busch mit leuchtend weinroten Blüten. Viele bunte Schmetterlinge sitzen darauf oder flattern darum herum. Domino will an ihnen schnuppern. Sofort fliegen sie alle davon.
»Warum fliegt ihr weg? Ich tue euch doch nichts«, sagt Domino.
»Wir haben Angst vor dir«, antwortet ihm ein kleiner, gelber Zitronenfalter. »Deswegen fliegen wir alle hoch in die Luft und schauen dich von oben an. Hier sind wir sicher.«
»Angst hast du vor mir?«, fragt Domino ungläubig. »Ich habe niemals Angst. Angst kenne ich nicht!«
»Das kann ich mir nicht vorstellen«, sagt der kleine, gelbe Schmetterling. »Jeder hat Angst! Das sehe ich, wenn ich aus der Luft auf die Erde schaue. – Lass uns doch zusammen losgehen und die anderen Tiere fragen, was sie tun, wenn sie Angst haben. Was hältst du davon?«

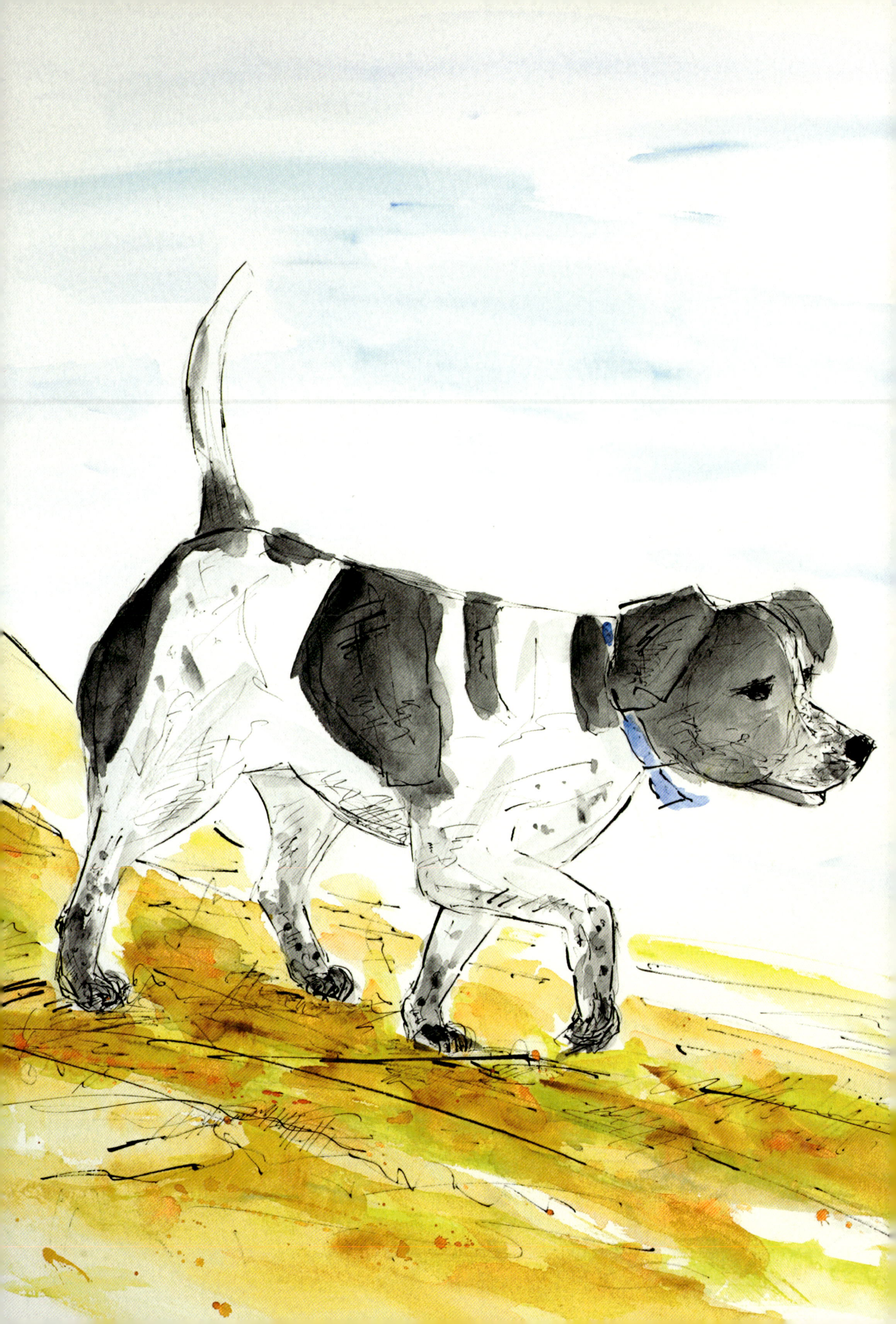

Da Domino ein sehr neugieriger Hund ist, stimmt er dem Vorschlag des Schmetterlings gern zu, und die beiden machen sich auf den Weg.

Zuerst treffen Domino und der kleine Schmetterling eine Schnecke. Sie fragen: »Schnecke, was machst du, wenn du Angst hast?«
»Ich ziehe mich ganz schnell in mein Schneckenhaus zurück. Darin bin ich sicher«, antwortet die Schnecke.

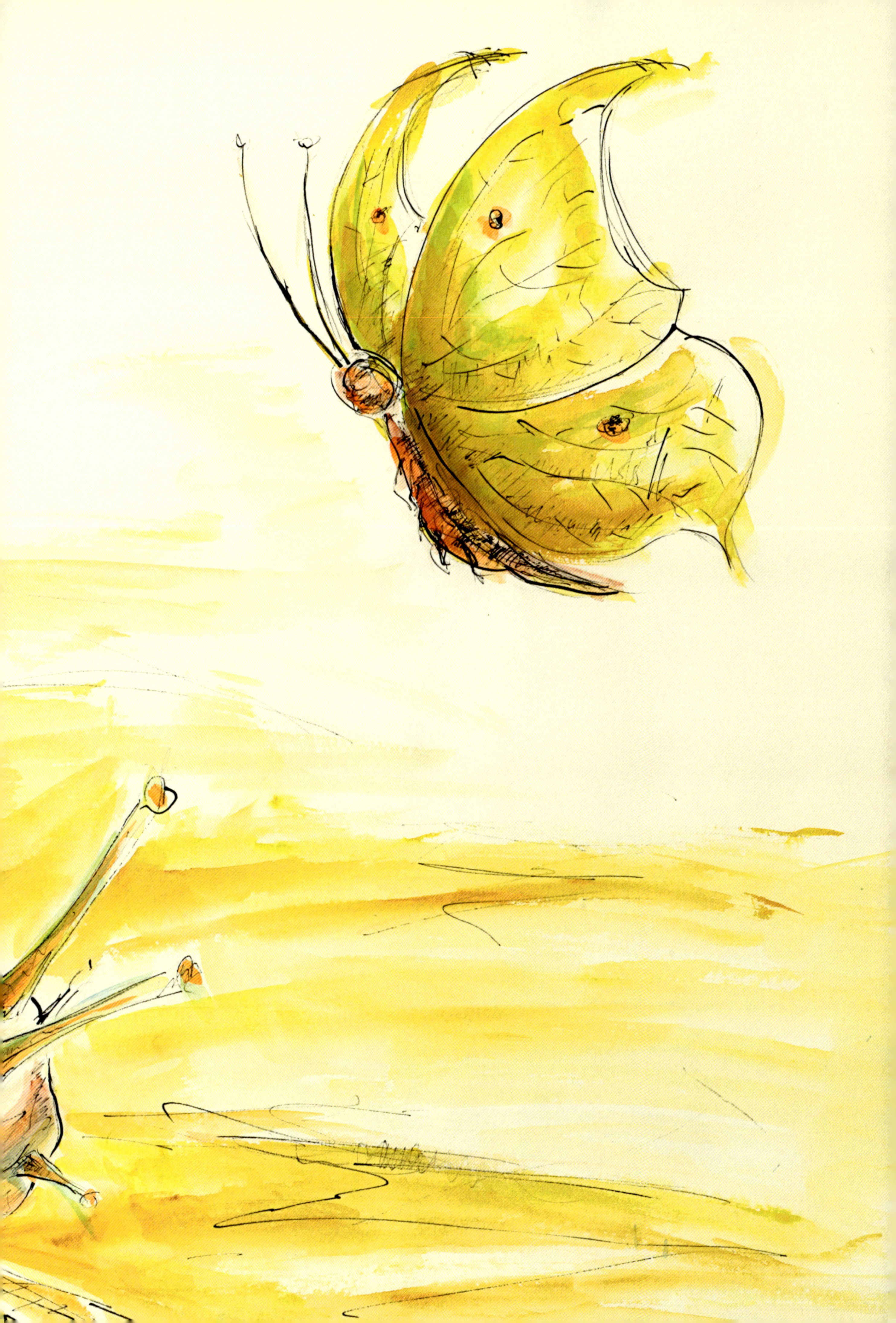

Domino und der Schmetterling wandern weiter. Sie kommen zu einem grünen Hügel, auf dem ein Pferd weidet.
»Pferd, was machst du, wenn du Angst hast?«, fragen die beiden das Pferd.
»Ich renne ganz schnell weg. Dann fühle ich mich sicher«, erwidert das Pferd.

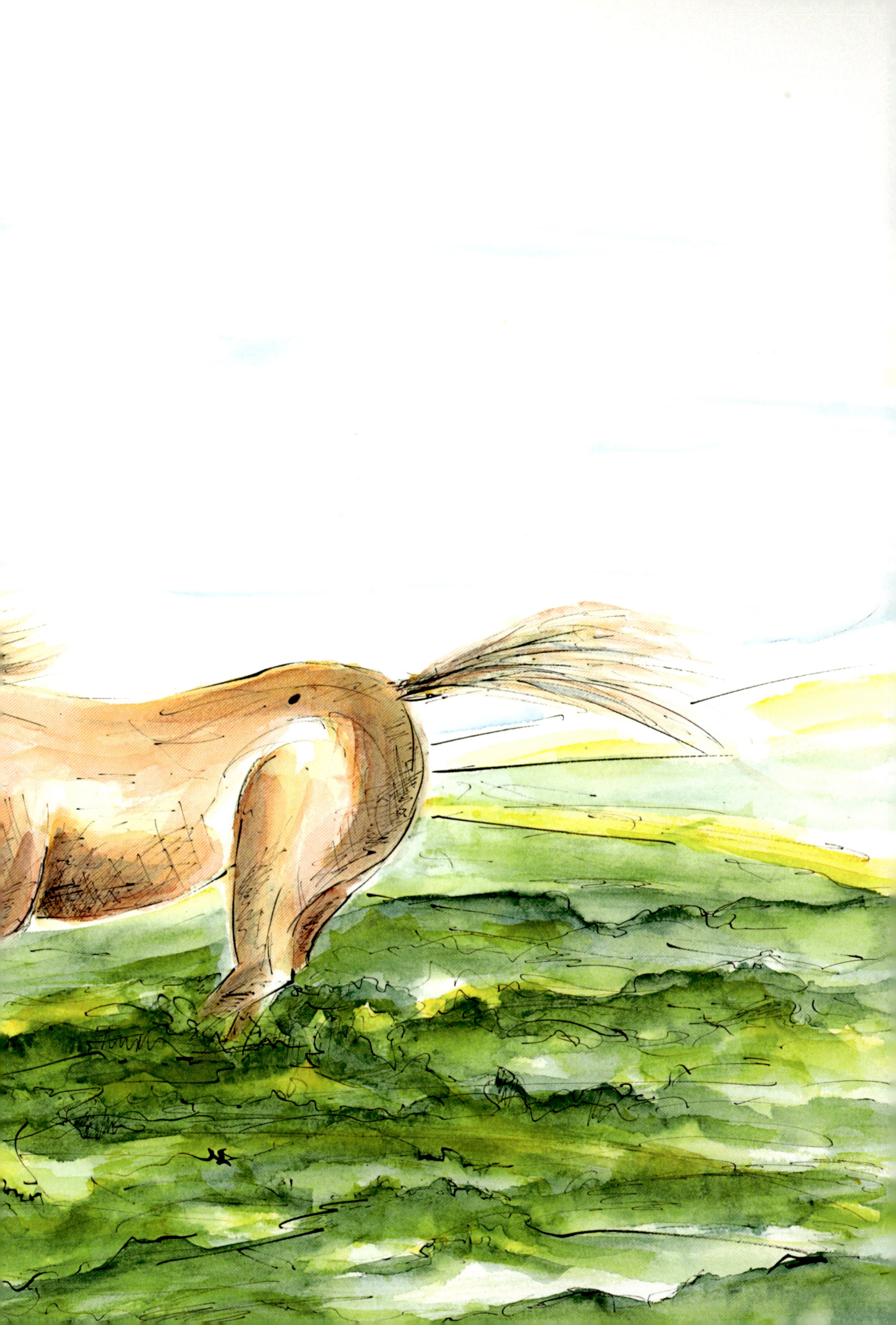

Ein Igel läuft ihnen über den Weg.
»Igel, was machst du, wenn du Angst hast?«, fragen sie den Igel.
»Ich rolle mich zu einer Kugel zusammen. Dann sind nur noch meine spitzen Stacheln zu sehen. So fühle ich mich sicher. Schaut her!« Und im Handumdrehen wird der Igel zu einer stacheligen Kugel.

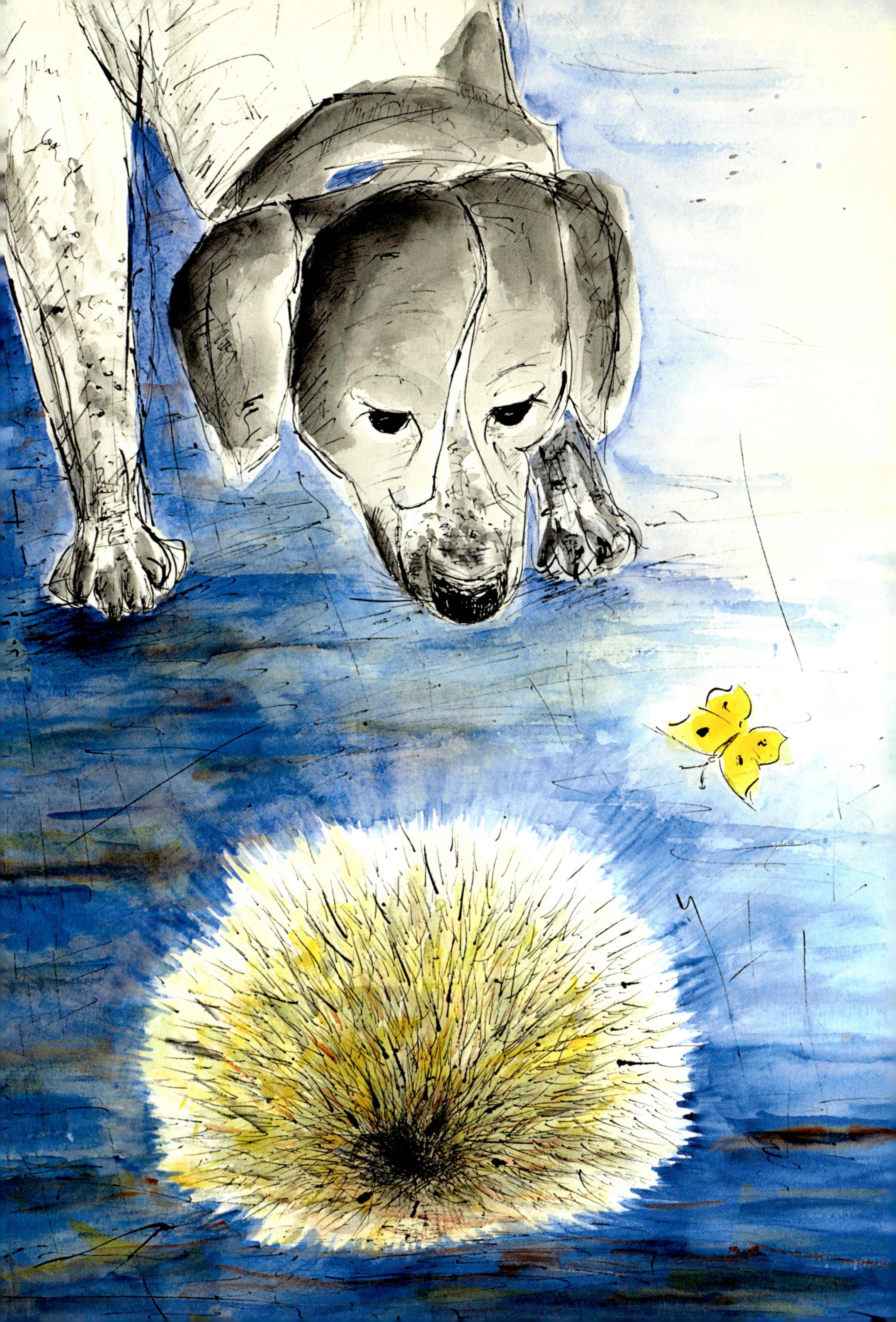

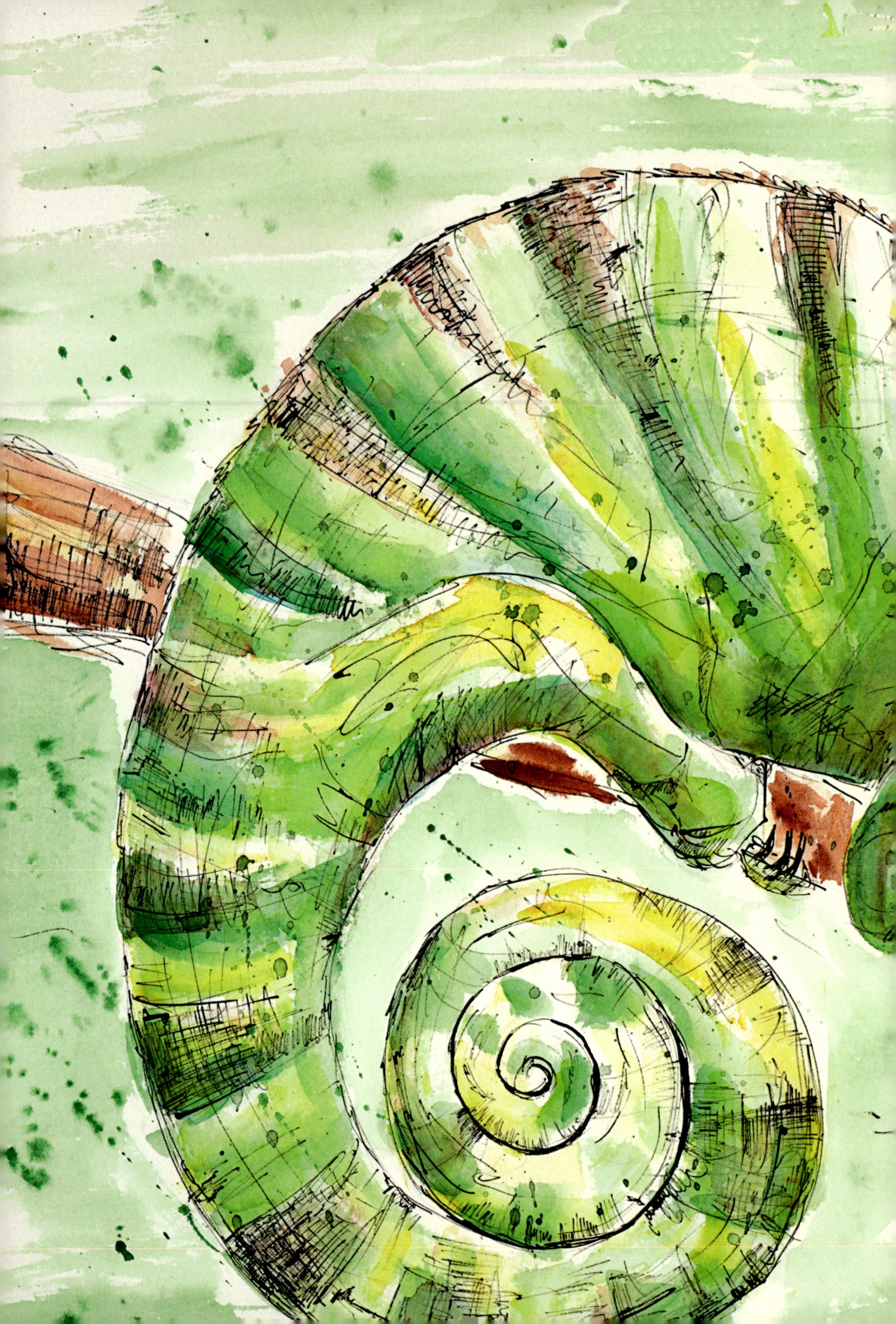

Hoch auf einem Ast sitzt ein Chamäleon.
»Chamäleon, was machst du, wenn du Angst hast?«, fragen Domino und der Schmetterling das Chamäleon.
»Ich wechsle meine Farbe. Ich sehe dann genauso aus wie meine Umgebung. Das gibt mir ein sicheres Gefühl. Seht ihr? So!«

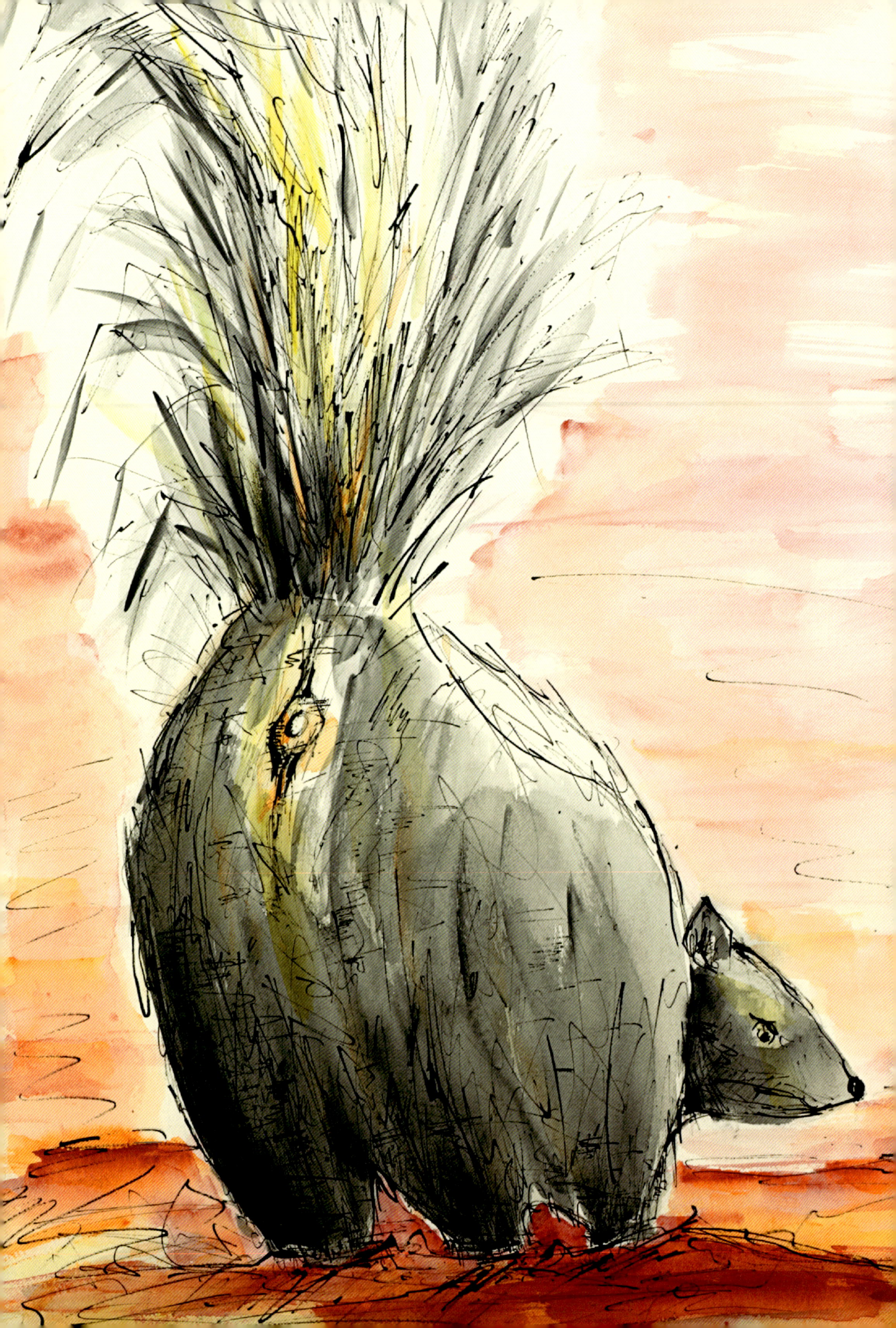

Als Nächstes treffen Domino und der Zitronenfalter ein Stinktier.
»Stinktier, was machst du, wenn du Angst hast?«, fragen sie das Stinktier.
»Ich drehe mich um und spritze einen übel riechenden Duft aus meiner Drüse am Po. Dann fühle ich mich sicher«, sagt es, dreht sich um und hebt den Schwanz…
Domino und der Schmetterling gehen rasch weiter.

Als der kleine Eisbär die beiden kommen sieht, kriecht er schnell unter den Bauch seiner Mutter.
»Kleiner Eisbär, was machst du, wenn du Angst hast?«, fragen Domino und der Schmetterling den kleinen Eisbären.
»Ich laufe schnell zu meiner Mutter, so wie jetzt, und verstecke mich bei ihr. Dort fühle ich mich sicher«, antwortet der kleine Eisbär.

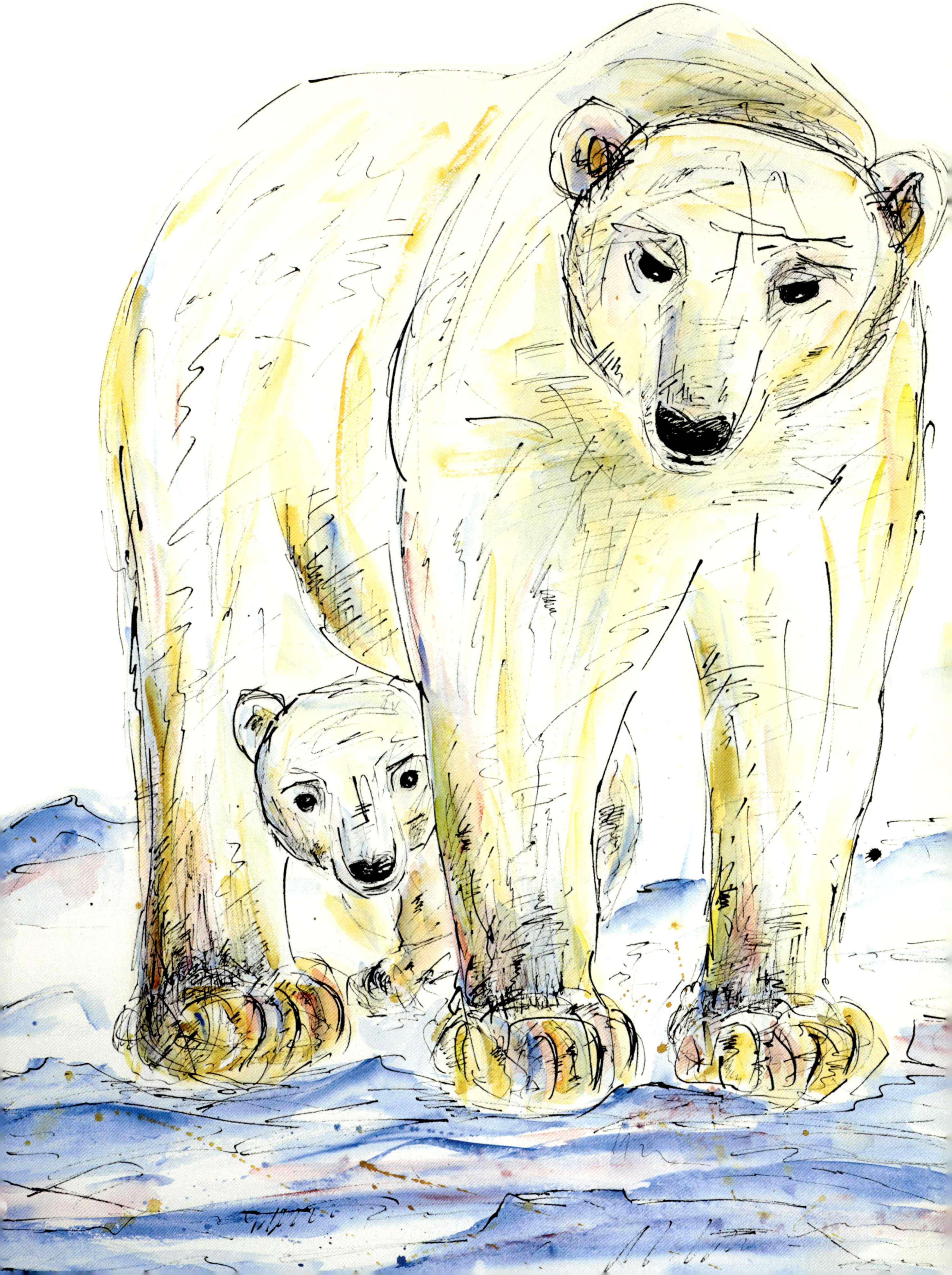

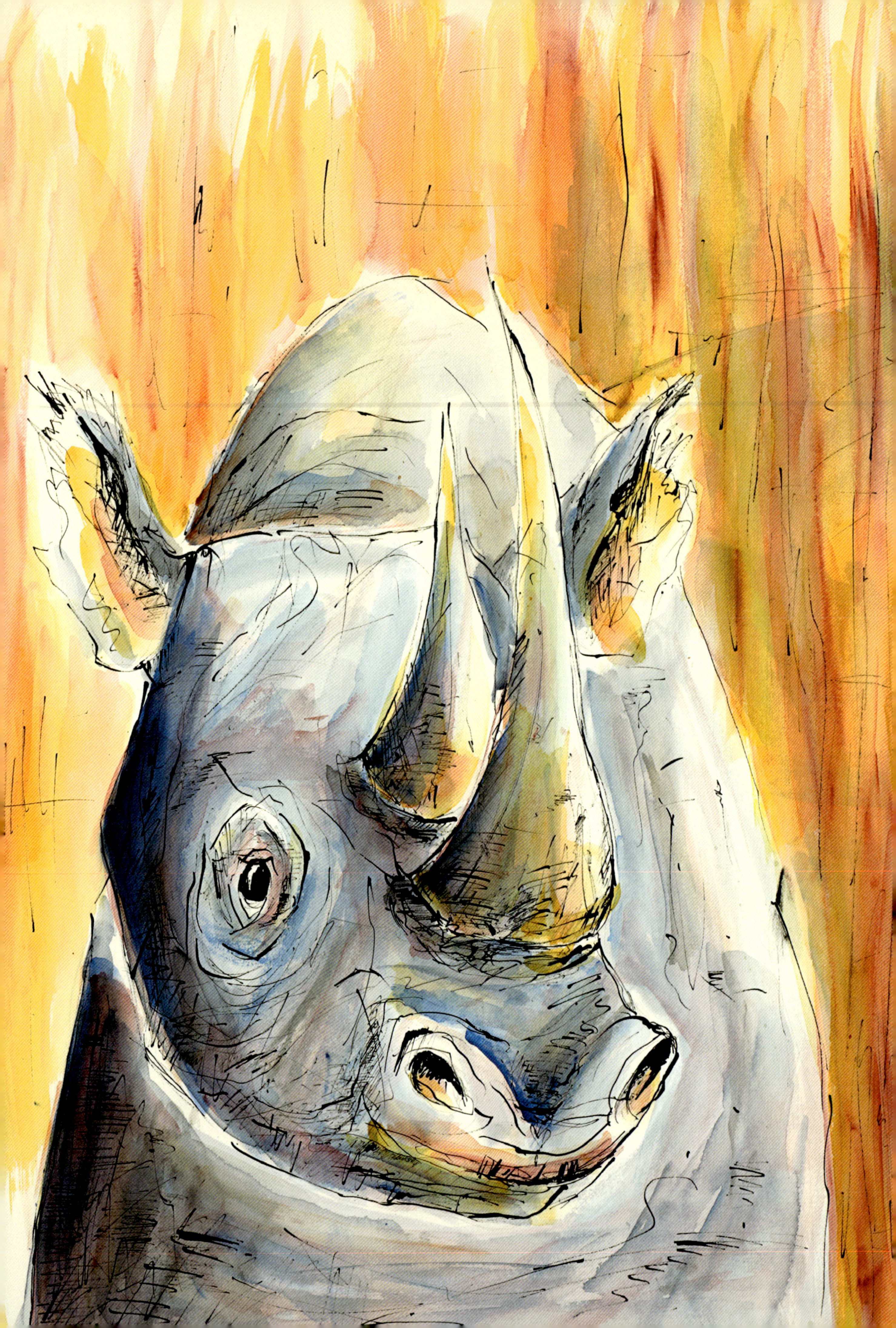

Zwei Nashörner stehen in der Sonne.
Ihr Nashörner, was macht ihr, wenn ihr Angst habt?«, fragen Hund und Schmetterling die beiden.
»Schaut euch unsere starken Hörner an. Mit denen kämpfen wir. Dann fühlen wir uns sicher.« Und eines der beiden Nashörner senkt den Kopf, als wolle es gleich mit dem Kampf beginnen.

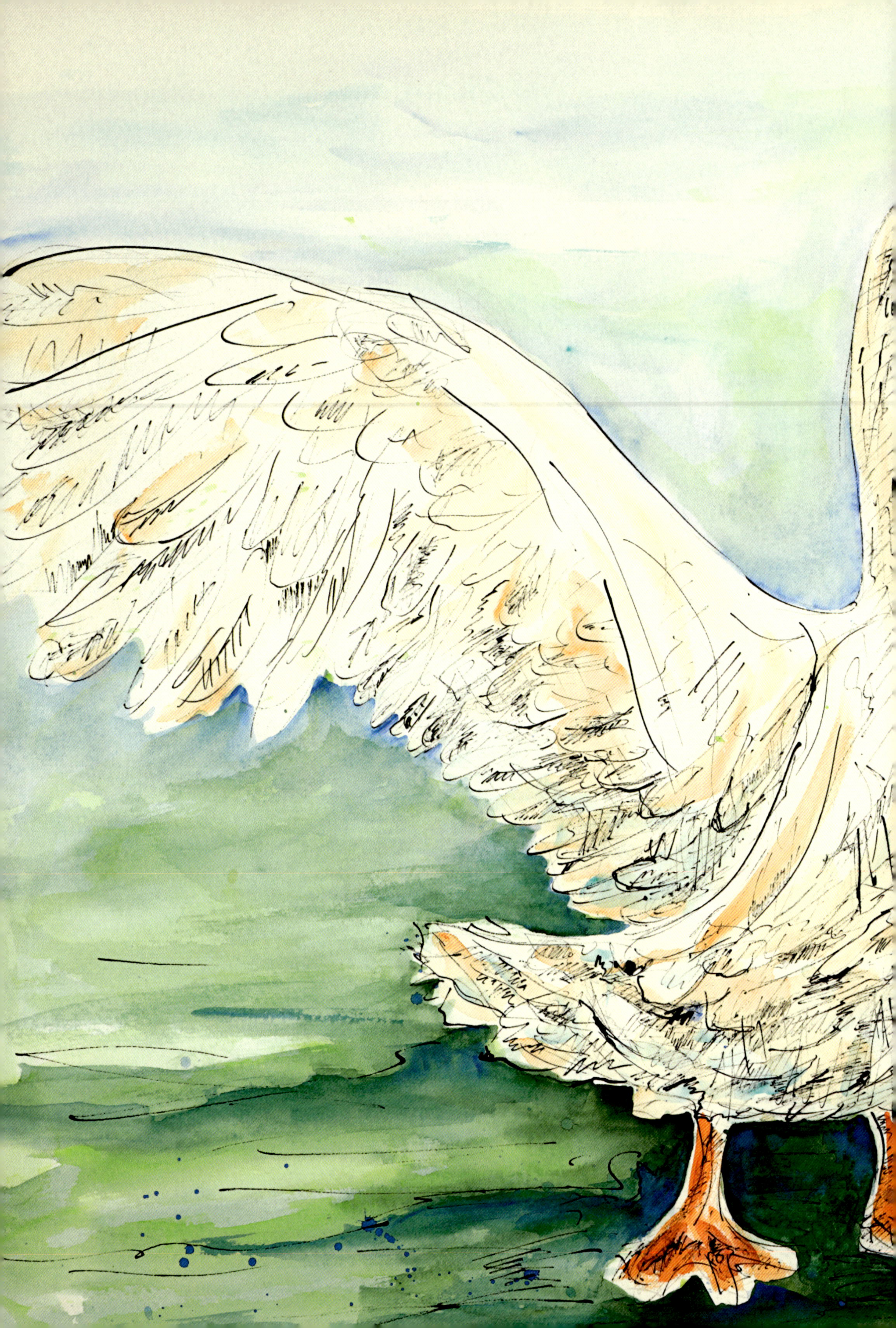

Auf einer Wiese treffen Domino und der Schmetterling eine Gans.
»Gans, was machst du, wenn du Angst hast?«, fragen sie die Gans.
»Ich fliege schnell weg mit meinen großen, starken Flügeln. Dann bin ich in Sicherheit. Seht her! Ich zeige es euch.«
Und die Gans breitet ihre Flügel aus und fliegt davon.

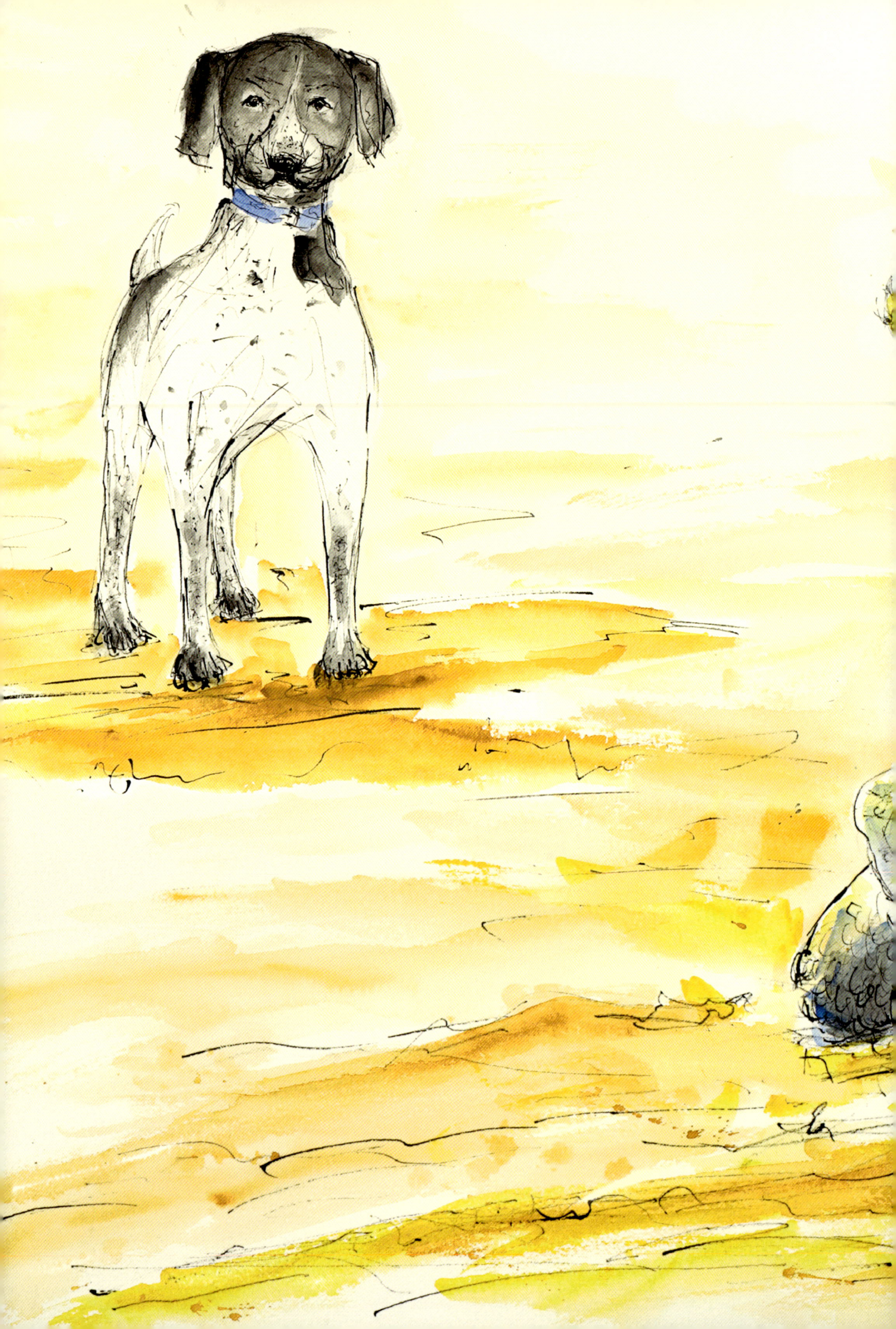

Im warmen Sand sitzt eine Schildkröte.
»Schildkröte, was machst du, wenn du Angst hast?«, wollen Domino und der Schmetterling von der Schildkröte wissen.
»Ich ziehe meinen Kopf und meine Beine schnell unter meinen starken Panzer. Dann fühle ich mich sicher«, antwortet ihnen die Schildkröte.

Auf einer Sandbank liegt müde ein Krokodil.
»Krokodil, was machst du, wenn du Angst hast?«, fragen Domino und der Schmetterling das Krokodil.
Das Krokodil gähnt. Dabei öffnet es sein riesiges Maul, zeigt seine gefährlichen Zähne und sagt: »Ich greife sofort an und beiße mit meinen spitzen Zähnen zu. Dann fühle ich mich sicher.«

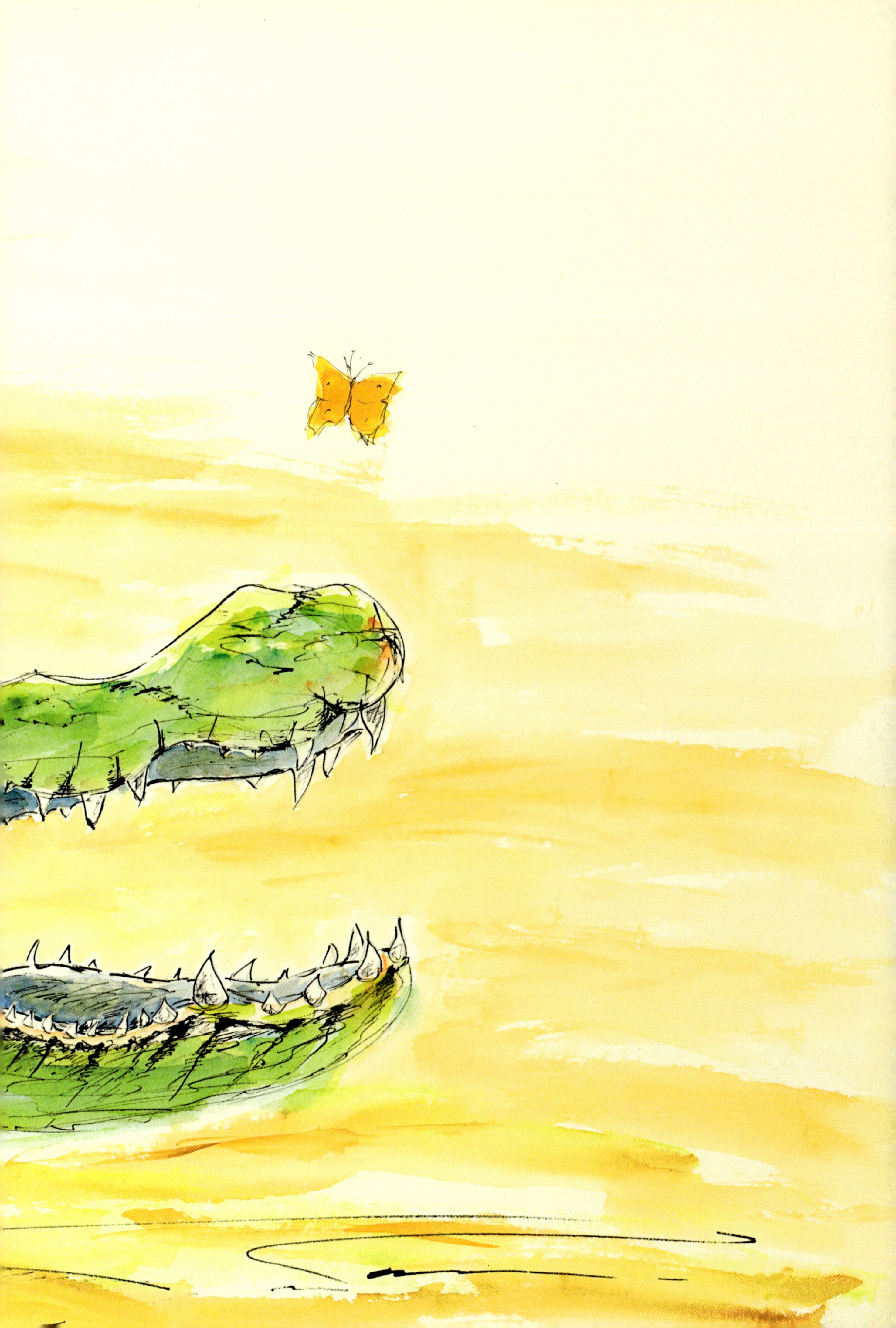

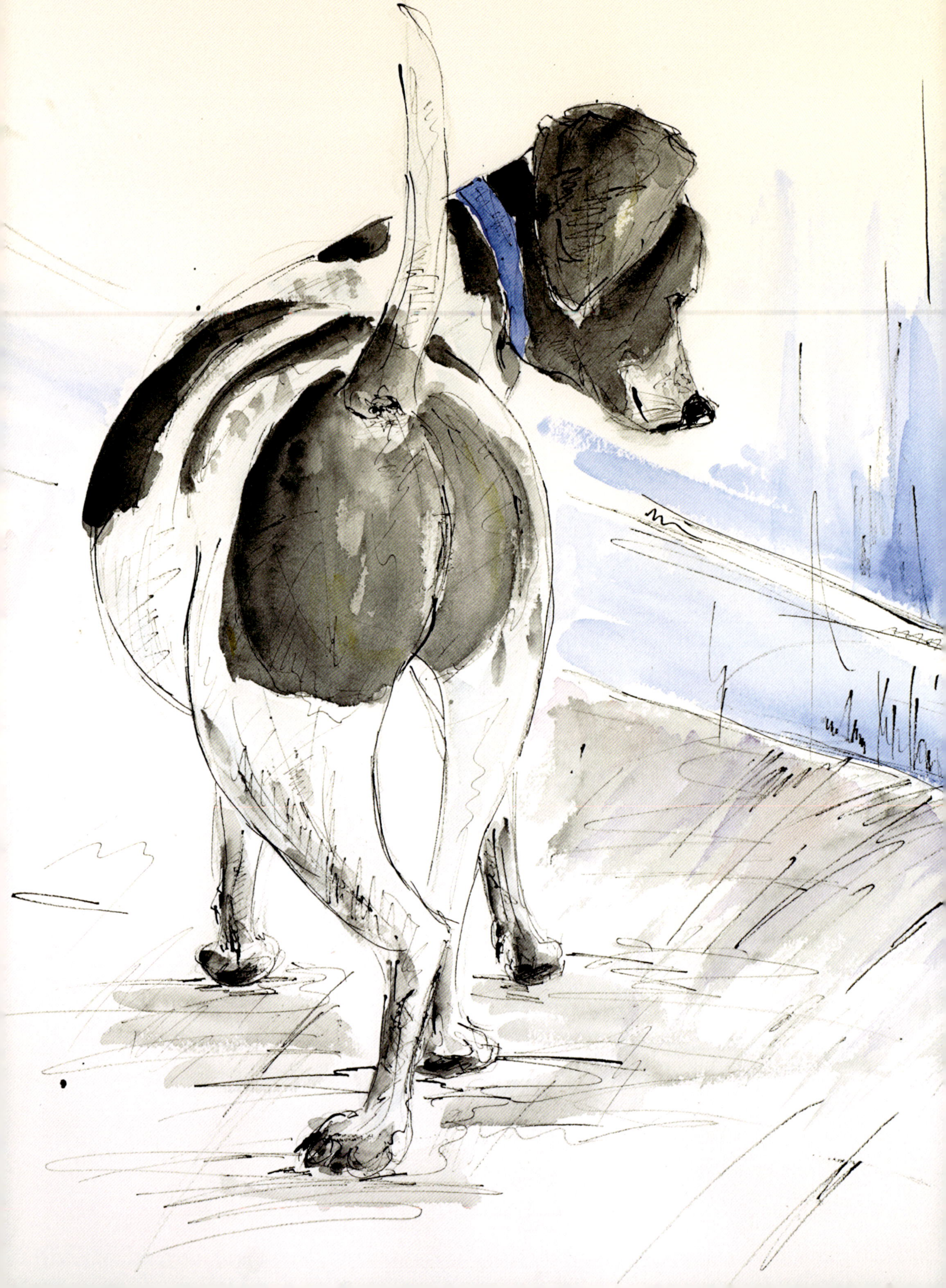

In einem alten Haus entdecken Domino und der Schmetterling eine Maus.
»Maus, was machst du, wenn du Angst hast?«, wollen die beiden von der Maus wissen.
»Ich laufe ganz schnell in mein Mauseloch. Dort fühle ich mich sicher.«
Und schon rennt die Maus los.

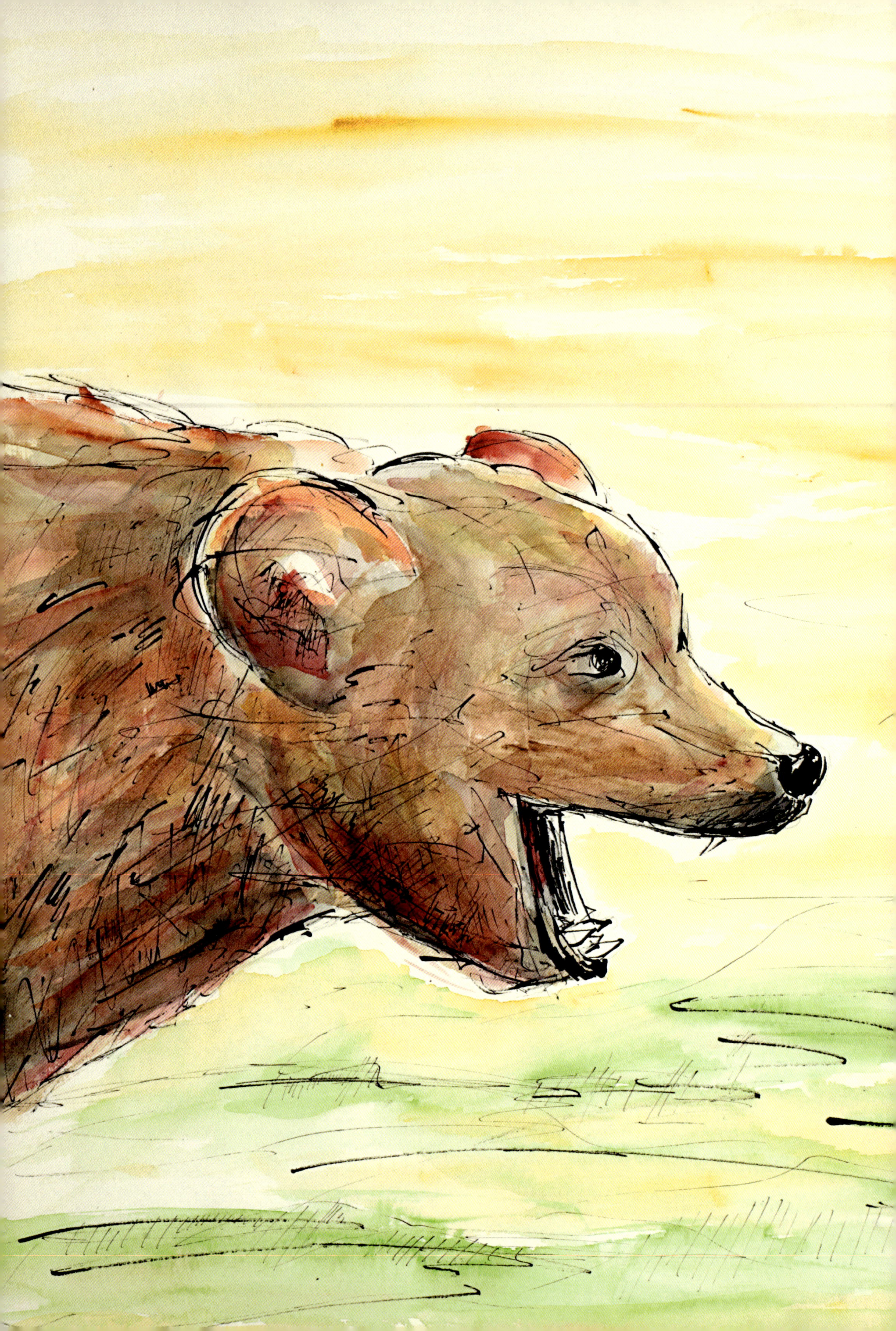

Zwei große Braunbären stehen sich auf einer Wiese gegenüber.
»Ihr Braunbären, was macht ihr, wenn ihr Angst habt?«, fragen Domino und der Schmetterling die Bären.
»Wir brüllen und zeigen unsere Kraft«, antworten beide gleichzeitig. »Dann fühlen wir uns sicher.«
Und die mächtigen Bären strecken drohend ihre Hälse vor.

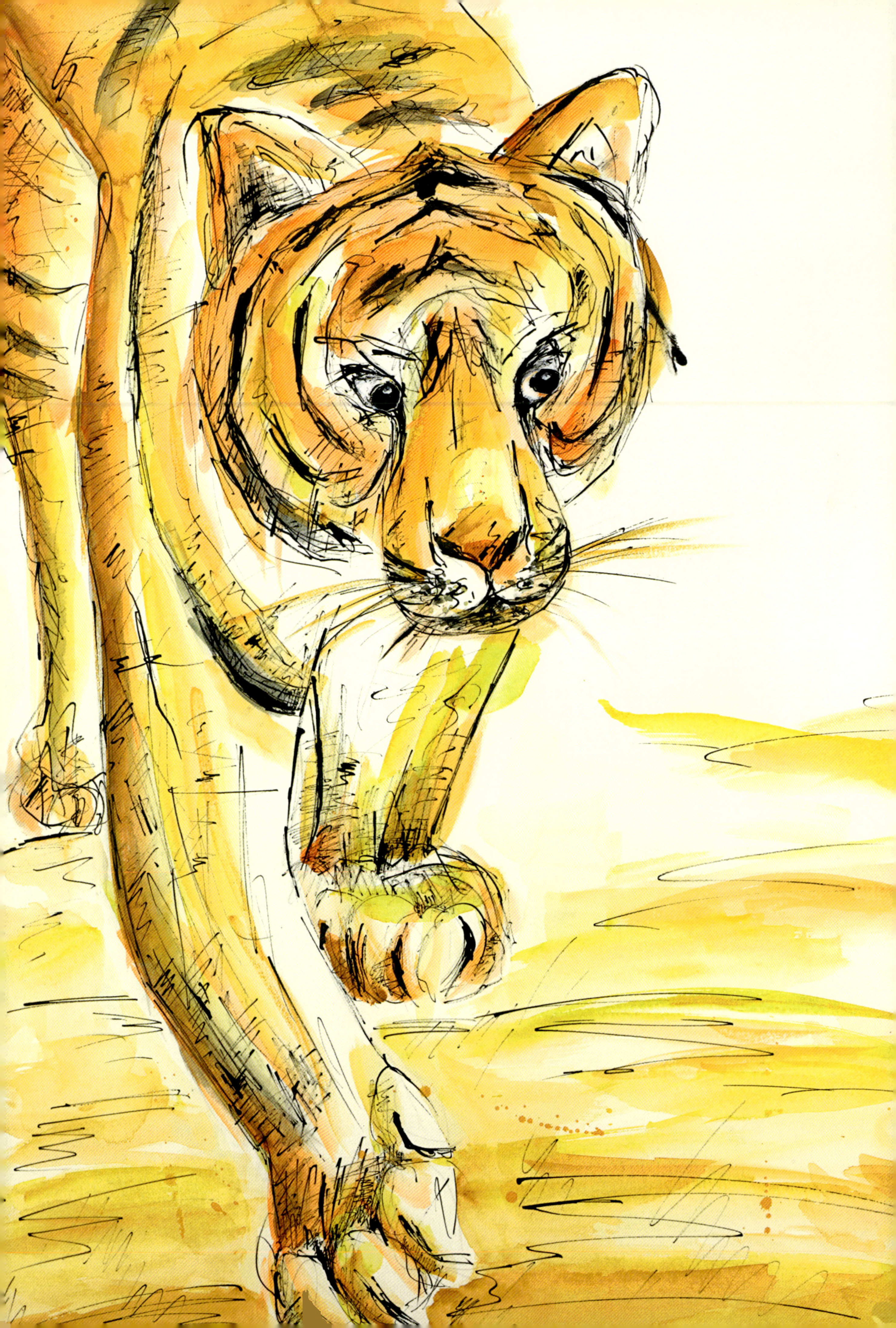

Domino und der Schmetterling fragen auch einen Tiger:
»Tiger, was machst du, wenn du Angst hast?«
»Seht ihr meine großen, starken Tatzen? Davor haben alle
Respekt. So fühle ich mich sicher«, sagt der Tiger.

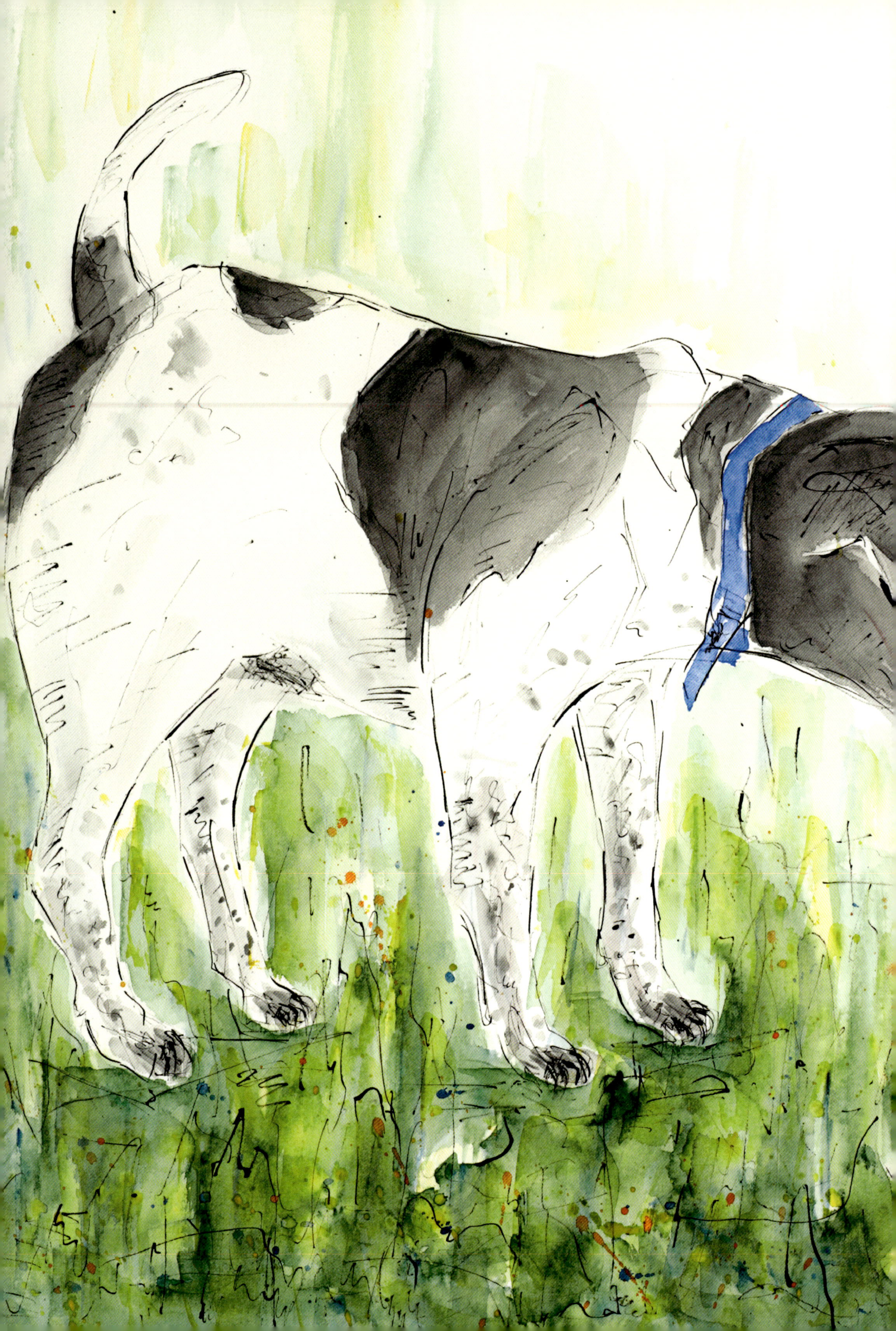

Im hohen Gras wären die beiden fast über einen Hasen gestolpert.

»Hase, was machst du, wenn du Angst hast?«, wollen sie von ihm wissen.

»Seht ihr das nicht?«, antwortet der Hase. »Ich ducke mich, mache mich ganz klein und rühre mich nicht von der Stelle. Dann fühle ich mich sicher.«

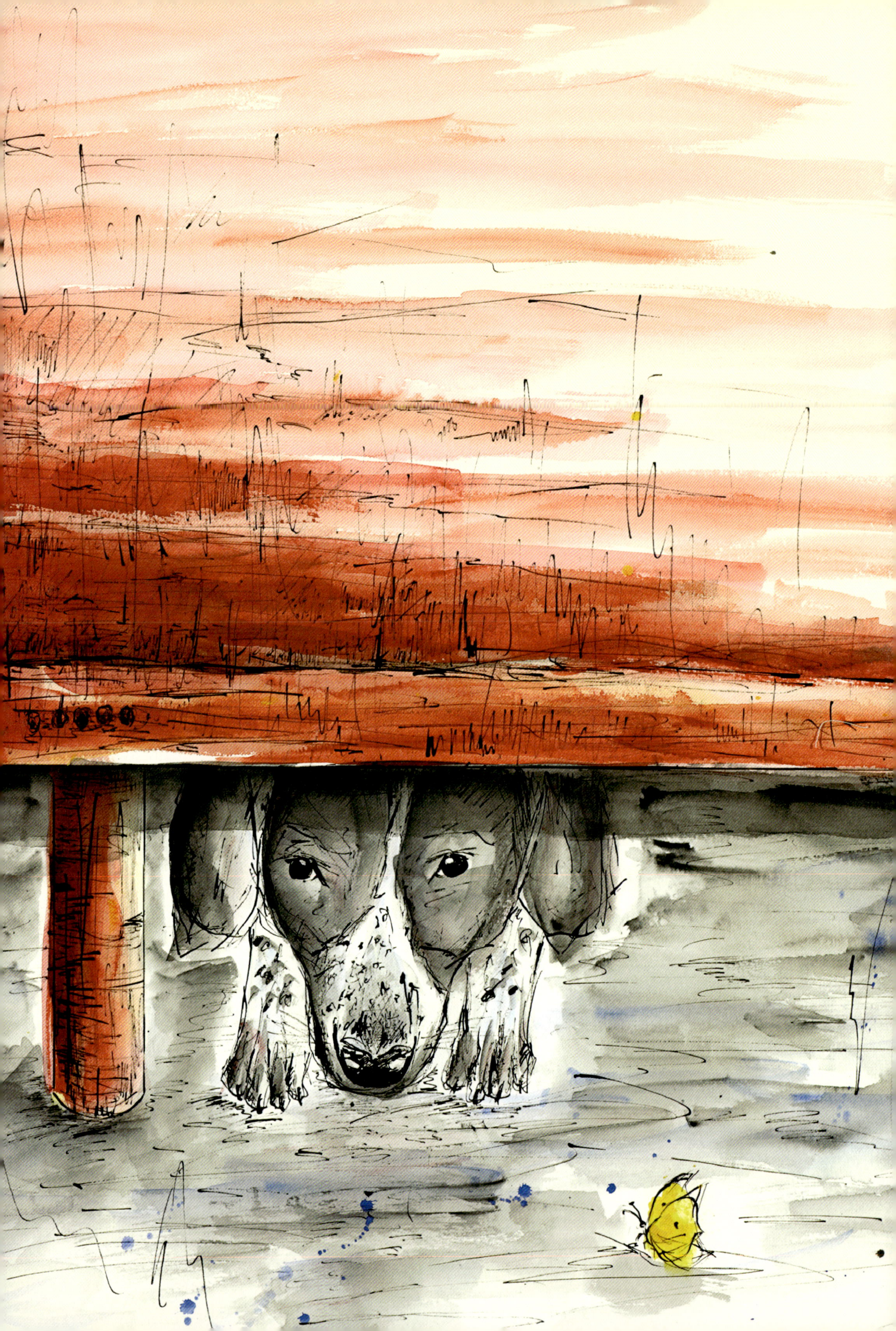

Domino und der kleine Schmetterling haben viele Tiere befragt. Müde machen sie sich auf den Heimweg.
Dunkle Wolken sind am Himmel aufgezogen. Ein Gewitter kündigt sich an.
Kaum sind die beiden zu Hause angelangt, zuckt ein heller Blitz über den Himmel und gleich darauf ist ein kräftiger Donner zu hören. Domino erschrickt, rennt los und verschwindet unter einem Schrank.
»Jetzt habe ich doch Angst«, hört man seine Stimme ganz leise von dort. Zaghaft streckt er seine Nase heraus und sagt: »Ich verstecke mich bei Gewitter immer unter diesem Schrank. Hier fühle ich mich sicher.«

Das Gewitter zieht vorüber.

»Schön, dass du wieder unter dem Schrank hervorgekommen bist. Das ist mutig von dir!«, sagt der kleine Schmetterling zu Domino und setzt sich auf die Pfote des Hundes.

»Und du hast nun keine Angst mehr vor mir«, erwidert Domino.

»Nein, wir sind ja jetzt Freunde«, sagt der Schmetterling.

»So sind wir beide mutiger geworden«, meint Domino sehr zufrieden.

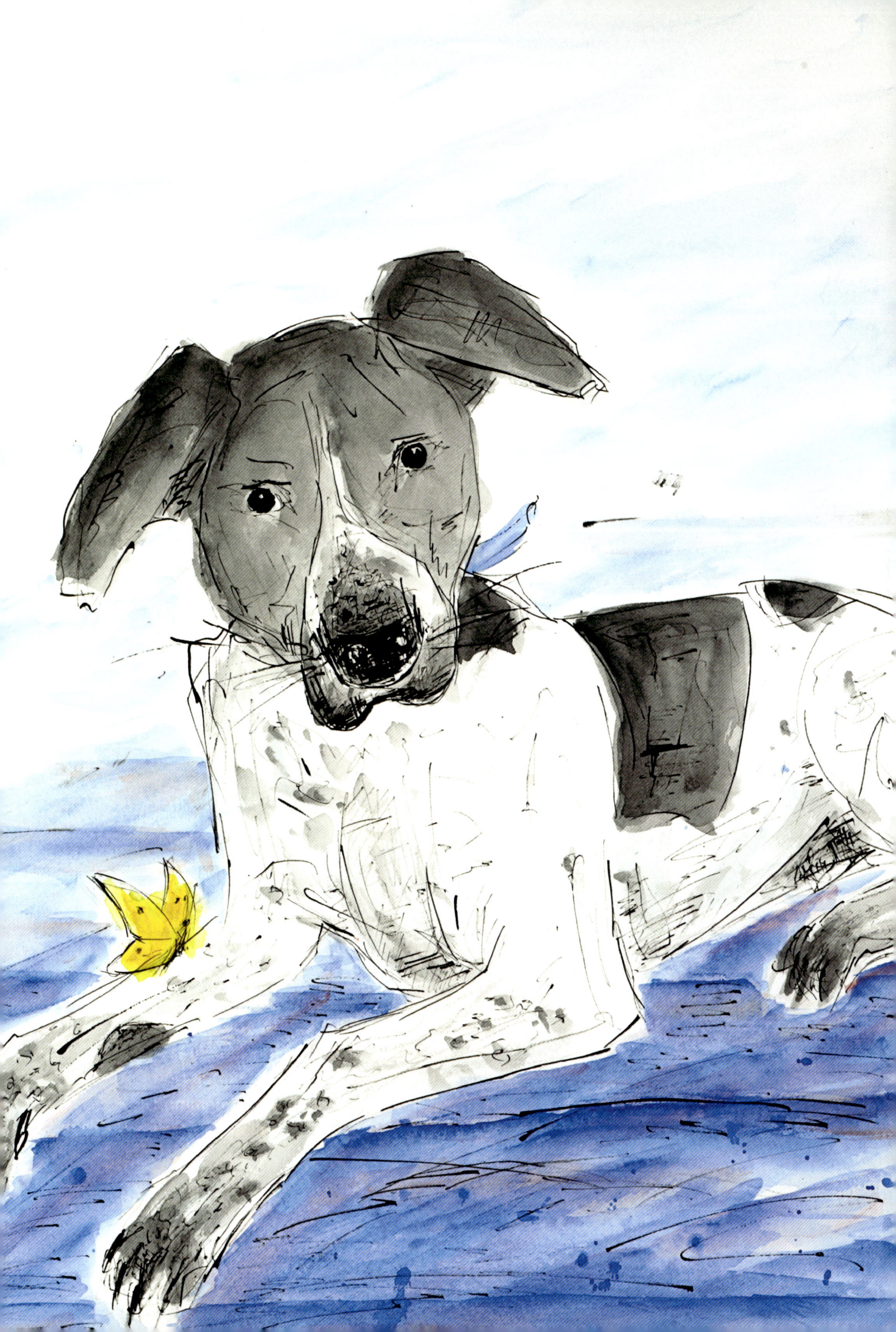

Domino

Im Sommer 2005 verwüstete der Hurrikan Katrina viele Städte und Dörfer im Südosten der USA. Unzählige Menschen und Tiere verloren ihr Zuhause. Der Sturm vertrieb auch Dominos Eltern aus New Orleans und machte die beiden zu sogenannten »Hurricane Katrina strays«, zu streunenden Hunden.
Domino kam in einem Tierheim in Louisiana zur Welt. 2008 brachte ihn die kanadische Tierschutzorganisation SPCA (Society for the Prevention of Cruelty to Animals) zusammen mit anderen herrenlosen Hunden nach Hamilton, Ontario. Einige Zeit später nahmen ihn meine Freunde Krista und Lars bei sich auf. Seitdem lebt Domino glücklich mit ihnen in Stoney Creek, Ontario.

Mit der Angst umgehen lernen

*Angst ist ein Gefühl, eine Emotion,
Gefühle und Emotionen sind Energie,
Energie ist Bewegung,
Bewegung will im Fluss bleiben,
ein Stopp wirkt wie ein Stau,
ein Stau erzeugt Druck,
Druck erzeugt im Körper Schmerz.*

Wer mit Kindern zu tun hat, weiß, wie oft sie in Situationen kommen, die ihnen Angst machen. – Angst gehört zum Leben dazu. Sie ist ein Gefühl, das jeder kennt, Kinder wie Erwachsene. Rational gesehen ist unsere Angst eine Schutzfunktion, die lebensnotwendig ist. Die Situationen, in denen sie uns überfällt, sind jedoch meist nicht rational und überlegt zu meistern. Wir erleben sie als emotionalen Stress, als Bedrohung. Darauf reagiert das Alarmsystem unseres Gehirns: Das Stresshormon Adrenalin wird ausgeschüttet und unser Organismus erhält die Botschaft: »Jetzt wird es gefährlich für dich, höchste Alarmstufe, alle Kräfte mobilisieren!« Entsprechend reagiert unser Körper: Der Puls schnellt hoch, der Blutdruck steigt, wir atmen rascher. Dadurch werden unsere Muskeln besser mit Sauerstoff versorgt und wir können schneller flüchten oder angreifen. Das Gefühl, das wir dabei empfinden, ist Angst.

Dieses Reaktionsmuster, das bereits vor Urzeiten unserem Überleben diente, funktioniert noch heute auf die gleiche Weise. Doch wir haben die Möglichkeit, uns zu entscheiden, wie wir mit diesem Geschehen und den damit verbundenen Gefühlen umgehen: Akzeptiere oder leugne ich meine Gefühle? Vermeide oder bekämpfe ich Situationen, die ich als Bedrohung empfinde? Versuche ich, sie so lange wie möglich zu ertragen oder setze ich mich mit ihnen auseinander? Wir können mit unserer Angst nur dann umgehen lernen, wenn wir die Angst auslösenden Situationen nicht vermeiden. Durch Vermeiden ändere ich nichts an der Angst. Deshalb geht es darum, ein neues Verhalten zu lernen, das uns unsere Sicherheit wiedergibt und uns so in die Lage versetzt, die Angst zu kontrollieren.

Um einen neuen Umgang mit der Angst speziell für Kinder anzuregen, habe ich dieses Bilderbuch gezeichnet und geschrieben. Eine Auseinandersetzung mit den Bildern und dem Text kann ein erster Schritt dazu sein. Wie intensiv oder wie distanziert dieser ist, kann jeder selbst entscheiden.

Die Botschaften des Bilderbuchs
Beim Anschauen dieses Buches wird dem Betrachter Folgendes gezeigt:
- Alle Tiere haben Angst: die Schnecke, das Pferd, der Igel...
- Alle Tiere zeigen ihre Angst: die Schnecke kriecht in ihr Haus, das Pferd rennt weg, der Igel rollt sich zu einer Kugel zusammen usw.
- Kein Tier wird dabei bewertet.
- Alle Tiere haben einen Lösungsweg: Sie fliehen, sie kämpfen, sie passen sich an oder stellen sich tot.
- Jede Angst endet irgendwann.
- Wir können unsere Angst leichter ertragen, wenn wir Freunde haben und uns geliebt fühlen.

Aktivitäten, die Mut machen
Manche Kinder fassen sich ein Herz und erzählen unaufgefordert, wovor sie Angst haben. Andere sind noch nicht so weit; dann sollen wir sie auch nicht dazu drängen. Beim Betrachten des Bilderbuchs sitzen die Kinder längere Zeit still. Darum ist es gut, wenn sie anschließend Gelegenheit bekommen, sich spielerisch zu bewegen. Die folgenden Spiele, bei denen das Kind mit einem Erwachsenen kooperiert, machen Spaß und geben Selbstvertrauen:
1. Abwechselnd verwandeln sich Kind und Erwachsener in ein Tier ihrer Wahl und bewegen sich in der typischen Art des Tieres. Der andere darf raten, um welches Tier es sich handelt.
2. Igelspiel: Der Erwachsene macht eine Faust und schließt die Augen. Die Faust symbolisiert den Igel, der sich tot stellt bzw. einen Menschen, der starke Angst hat. Das Kind hat die Aufgabe, mit Worten und geeigneten Berührungen die Hand dazu zu bringen, sich vertrauensvoll wieder zu öffnen. Anschließend Rollentausch. Dies ist eine gute Möglichkeit, Einfühlungsvermögen zu üben.
3. Pferdespiel: Das Kind zeigt, wie schnell es als Pferd wegrennen kann. Der Erwachsene kann sich beteiligen. Das temperamentvolle Laufen gibt ein Gefühl von Stärke und Sicherheit und damit Selbstachtung. Anschließend malt das Kind das laufende Pferd oder beide malen gemeinsam ein Bild mit laufenden Pferden.
4. Sich verstecken: Gemeinsam überlegen beide, wo sich Tiere auf der Flucht verstecken könnten – die Maus, der Hase, die Schnecke, der Schmetterling, der Hund. Anschließend malt jeder ein Bild, auf dem das Versteck eines Tieres zu sehen ist. Dann können beide einen Schritt weitergehen und sich

fragen: Wenn ich es selbst mit der Angst bekomme, wo könnte ich mich dann verstecken?

5. Ein sicherer Ort: Erster Schritt – das Kind liegt entspannt mit geschlossenen Augen auf einer Decke am Boden. Es beschreibt einen Ort, wo es sich ganz sicher fühlt und frei von Angst. Ohne seine Einwilligung darf hier niemand herkommen. (Zwischendurch langsames Ausatmen zur Entspannung.) An diesem Ort kann es alles geben, was das Kind möchte, ohne Einschränkungen durch die Realität.

    Im zweiten Schritt baut das Kind sich im Zimmer einen »sicheren Ort« aus Möbeln, Kissen, Stofftieren, Fotos und was es sonst noch dort haben möchte. Dabei kann es erzählen, was ihm durch den Kopf geht.

    Dritter Schritt: Das Kind malt seinen »sicheren Ort« und bestätigt sich auf diese Weise: Wenn meine Angst nicht nachlassen will, kann ich mich in der Phantasie hierher zurückziehen. Hier finde ich Ruhe und frische Kraft.

6. Das Krokodilspiel: Hier bekommt das Kind Gelegenheit, sich mit der Kraft und Wildheit dieses gefährlichen Tieres zu identifizieren. Das Kind geht als Krokodil im Raum herum und klappt die ausgestreckten Arme wie ein riesiges Maul auf und zu. Es kann dabei mitteilen, wen es erschrecken, beißen oder fressen will bzw. wem es beistehen oder helfen will.

7. Das Schildkrötenspiel: Abwechselnd identifizieren sich der Erwachsene und das Kind mit der Schildkröte, die sich bei Gefahr in ihren Panzer zurückzieht und tot stellt. – Das Kind legt sich zusammengerollt auf den Boden und rührt sich nicht. Der Erwachsene geht umher und sucht die Schildkröte. Er kann dabei so tun, als halte er das bewegungslose Kind für einen Stein oder für einen Erdhügel. Dann Rollenwechsel.

8. Katz- und Mausspiel: Es funktioniert nach dem klassischem Muster – das Kind ist die Maus, der Erwachsene die Katze bzw. umgekehrt. Die »Maus« läuft schnell weg und versucht sich hinterm Sofa, unter dem Tisch oder in einem anderen »Mauseloch« in Sicherheit zu bringen. Das Gelächter dabei ist eine gute Medizin gegen Angst. Das Kind erlebt außerdem die Vorteile seiner Kleinheit. Es findet viel leichter ein passendes Versteck als der Erwachsene.

9. Der kleine Tiger: Das Kind ist der kleine Tiger und der Erwachsene der große Tiger. Am Abend beklagt sich der kleine beim großen Tiger über alles, was ihn am Tag gestresst, geängstigt oder gestört hat. Der »große Tiger« hört aufmerksam und liebevoll zu. Das gibt dem Kind das Gefühl, ernst genommen zu werden. (Vermeiden Sie, das Gehörte zu korrigieren oder in Frage zu stellen.)

10. Nashornspiel: Beide gehen wie schwere Nashörner stampfend durch den Raum, dann folgt der »Nashornkampf«. Kind und Erwachsener setzen sich so auf den Boden, dass sie sich mit dem Rücken berühren. Das Kind versucht nun, den Erwachsenen zurückzudrängen. Dabei kann es seine Entschlossenheit und Kraft spüren.
11. Der schnelle Hase: Manchmal führt starke Angst zu einem Gefühl von Hilflosigkeit und Lähmung. Das soll hier aufgelöst werden. Beide sitzen auf einem Stuhl, die Füße ohne Schuhe auf einem Kissen. Darauf wird das schnelle Laufen simuliert. Jeder kann dabei mitteilen, wovor er wegläuft – entweder als Hase oder als er selbst. Auch hier vermittelt die körperliche Aktivität den Kindern das Gefühl von Stärke und Souveränität.
12. Das Bärenspiel: Die »Bären« kämpfen nach strengen Regeln. Eine Hand wird auf den Rücken gehalten. Die Handfläche weist nach hinten. Jeder versucht die Handfläche des anderen Bären mit der eigenen freien Hand zu berühren. Dabei darf der andere Bär nicht festgehalten oder irgendwie angefasst werden.
13. Angstbilder malen: Das Kind malt gemeinsam mit dem Erwachsenen ein Bild zum Thema Angst:
    - Wovor fürchtet sich der Schmetterling?
    - Wovor fürchtet sich ein Pferd?
    - Wovor fürchtet sich Domino?
    - Wovor fürchte ich mich?
    - Wovor fürchtet sich mein Freund/meine Freundin, mein Bruder/meine Schwester?
14. Angstgeschichten: Das Kind erfindet gemeinsam mit dem Erwachsenen Geschichten von der Angst. Mögliche Themen:
    - Das Nashorn, das keine Angst empfinden konnte,
    - Das Pferd, das ständig Angst hatte,
    - Ein Kind, das Spaß daran hat, anderen Angst einzujagen,
    - Ein Kind zieht in die Welt, um eine Medizin gegen Angst zu finden.
15. Körperwahrnehmung: Auf einem großen Packpapierbogen wird der Umriss des Körpers skizziert. Gemeinsam mit dem Erwachsenen markiert das Kind, an welchen Stellen im Körper es seine Angst spürt.
16. Die Angst als Helfer: Gemeinsam mit dem Erwachsenen wird etwas gebaut (eine Art Vogelscheuche), das böse Geister/Menschen/Tiere vertreiben kann.
17. Treppe der Angst: Das Kind oder beide gemeinsam malen eine kurze Treppe (ca. 3 bis 6 Stufen). Auf die unteren Stufen werden die Tiere ge-

malt, die leicht Angst bekommen; weiter oben diejenigen, die viel Angst aushalten.
18. Baby-Spiel: Das Kind legt sich hin. Es stellt sich vor, dass es ein Baby ist und in einer Wiege liegt. – Wovor hat das Baby Angst? Was hilft am besten dagegen?
19. Engelsbrief: Das Kind bekommt einen Brief von einem Schutzengel. Der Erwachsene schreibt, das Kind diktiert.
20. Lösungsspiel: Der Rat der Tiere versammelt sich.
    - Die Tiere beklagen sich beim Löwen, ihrem König. Jedes sagt, wovor es Angst hat.
    - Der Löwe hört zu und gibt am Ende einen Rat. – Was sagt er?
    - Wie kann ich mich als Tier schützen?
    - Wer drei Dinge findet, die die Angst vertreiben, kann später König der Tiere werden.

Mit Kindern, die alt genug und dazu bereit sind, können Sie im Gespräch z. B. die folgenden Überlegungen zum Thema Angst anstellen:
- Was ist gut daran, dass alle Tiere Angst haben?
- Wobei hilft ihnen die Angst?
- Warum ist es besser für den Hasen, dass er nicht mehr weiterläuft sondern sich tief auf den Boden duckt?
- Was würde geschehen, wenn das Nashorn nicht kämpfen würde, der Igel sich nicht einrollen würde, die Maus nicht wegrennen würde? – Dazu kann gemeinsam eine Geschichte erfunden werden. Sie könnte z.B. den Titel haben: »Das Pferd, das nicht wegrennt«
- Was wäre, wenn das Pferd immer nur rennen würde? Das Nashorn immer nur kämpfen würde? Die Schnecke immer nur in ihrem Haus bliebe?
- Stell dir vor, du verwandelst dich jetzt in das Tier, das du gern sein möchtest. Wie sieht dieses Tier aus? Was macht es?
- Stell dir vor, das Tier, das du gern sein möchtest, wäre in Gedanken immer bei dir. Du könntest es jederzeit rufen, wenn du es brauchst. Wie wäre das für dich? Könnte dieses Tier etwas zu dir sagen, was dir Mut macht? Was wäre das?

Ich wünsche allen Kindern und Erwachsenen viel Spaß mit diesem Buch.

Literatur

Baum, Jens: »Keine Angst vor morgen«, München 2006
Brett, Doris: »Anna zähmt die Monster«, iskopress, Salzhausen 2007
Brett, Doris: »Ein Zauberring für Anna«, iskopress, Salzhausen 2008
Furmann, Ben: »Ich schaff's!«, Heidelberg 2008
Hennig, Marita: »Autogenes Training für Kinder«, München 2003
Hüther, Gerald: »Biologie der Angst«, Göttingen 2009
Hüther, Gerald: »Bedienungsanleitung für ein menschliches Gehirn«, Göttingen 2009
Hüther, Gerald: »Die Macht der inneren Bilder«, Göttingen 2010
Huber, Michaela: »Der innere Garten«, Paderborn 2006
Jackel, Birgit: »Ausgeglichen und entspannt«, München 2004
Lüdke, Christian/Becker, Andreas: »Der kleine Samurai Mio Mio Mausebär« (Kinderängste), Heidelberg 2007
Lüdke, Christian/Becker, Andreas: »Der kleine Samurai…«. Elternratgeber, Heidelberg 2008
Meyer-Glitza, Erika: »Jacob der Angstbändiger«, iskopress, Salzhausen 2008
Meyer-Glitza, Erika: »Sofie im Sorgenlabyrinth«, iskopress, Salzhausen 2007
Meyer-Glitza, Erika: »Wenn Frau Wut zu Besuch kommt«, iskopress, Salzhausen 2008
Oaklander, Violet: »Verborgene Schätze heben. Wege in die innere Welt von Kindern und Jugendlichen«, Stuttgart 2009
Oaklander, Violet: »Gestalttherapie mit Kindern und Jugendlichen«, Stuttgart 2007
Orinsky, Eva: »Die Krokobären«, iskopress, Salzhausen 2009
Reddemann, Luise: »Eine Reise von 1000 Meilen beginnt mit dem ersten Schritt«, Freiburg 2010
Schwing, Rainer/Fryszer, Andreas: »Systemisches Handwerk«, Göttingen 2010
Spangenberg, Brigitte: »Hans vertreibt die Geister«, Stuttgart 1999
Steiner, Therese/Insoo Kim Berg: »Handbuch lösungsorientiertes Arbeiten mit Kindern«, Heidelberg 2006
Tepperwein, Kurt: »Loslassen, was nicht glücklich macht«, München 2005
Thoma, Christoph: »Angsten und Ent-Angsten«, Amstetten 2009
Vogt-Hillmann, Manfred/Burr, Wolfgang: »Lösungen im Jugendstil«, Dortmund 2009